Negociación

Ivan Remus, PE, Esq.

DERECHOS RESERVADOS

Negociación © 2018 by Ivan Remus, PE, Esq. Reservados todos los derechos.

Todos los derechos reservados. Ninguna parte de este libro puede reproducirse de ninguna forma ni por medios electrónicos o mecánicos, incluidos los sistemas de almacenamiento y recuperación de información, sin permiso por escrito del autor. La única excepción es por un revisor, que puede citar extractos breves en una revisión.

Portada diseñada por Pro_ebookcovers en Fiverr.com

Los ejemplos presentaos en este libro deben ser considerados una obra de ficción. Los nombres, personajes, lugares e incidentes, si alguno, son producto de la imaginación del autor o se utilizan de manera ficticia. Cualquier parecido con personas reales, vivas o muertas, eventos o lugares es pura coincidencia.

Ivan Remus, PE, Esq.

Visita mi página web en www.IvanRemus.com

Y mi página profesional en www.Ivan-Remus.com

Impreso en Estados Unidos de América

Primera edición: Julio de 2018

ISBN-13: 9781730763984

INTRODUCCIÓN

Prácticamente todos los aspectos de la vida están afectados por la necesidad de negociar. El carro que manejas, la casa donde vives, la ropa que usas, el trabajos que tienes, el salario que devengas, las deudas que pagas, y hasta el lado de la cama donde duermes es el producto directo de tu capacidad de negociar.

Entonces, la pregunta obligatoria es, si prácticamente todo en nuestras vidas ha sido directamente afectado por nuestra capacidad de negociar efectivamente, ¿por qué no se nos enseña como materia obligatoria desde que estamos en la escuela elemental?

La meta general en el proceso de negociación es satisfacer las necesidades de los participantes convocados a negociar. Una negociación debería considerarse exitosa sólo cuando ambas partes saben y sienten que sus necesidades se cumplieron.

Los planteamientos anteriores nos llevan a una segunda pregunta, si virtualmente todo en la vida es negociado, ¿cómo se explica que algunos negociadores obtengan resultados mucho mejores que otros?

La verdad es que no existe una fórmula mágica. Lo que sí podemos hacer es identificar una serie de estrategias esenciales que los negociadores más experimentados dominan y que les sirven para llegar a acuerdos que satisfagan a todas las parte interesadas.

NEGOCIACIÓN

El presente libro explica detalladamente los pasos que debemos seguir para lograr que una negociación sea exitosa, además de presentar las veinticuatro estrategias que existen en la negociación, lo cuales resultan esenciales el saber identificarlas, pues así podremos contrarrestarlas en aquellos casos en que la otra parte trate de implementarlas con nosotros.

La negociación es comparada muy frecuentemente, con un juego. Al igual que los juegos, donde hay un conjunto de reglas que los gobiernan, el proceso de negociación cuenta con un grupo de reglas y valores.

El detalle está en que si se visualiza a la negociación como un juego competitivo, se corre entonces el riesgo de entrar al proceso de negociación con un espíritu aguerrido en donde sólo una parte espera alcanzar las metas trazadas.

Aun cuando podamos persuadir al oponente a "jugar nuestro juego", corremos el riesgo de ser perdedores en lugar de ganadores. El objetivo debe ser alcanzar acuerdos y no victorias totales. Cada parte debe saber y sentir que ha ganado algo. Por lo tanto, la negociación no es un juego ni mucho menos la guerra. Nuestra meta no es tener un competidor muerto.

A través de los años de experiencia como abogado, negociando contratos multimillonarios, o litigando los puntos más álgidos en un proceso legal, he aprendido a que un "buen abogado" no es el que litiga y pelea cada pequeño detalle, sino aquel que logra minimizar las diferencias y controversias a la minina expresión. Como decía mi sabio padre: "es mejor un acuerdo con el que podamos vivir que una sentencia de juicio con el que tengamos que lidiar si no logramos llegar a un acuerdo, porque en la primera, fuimos nosotros los que llegamos a esas decisiones, en la segunda, es un juez quien termina decidiendo (e imponiendo) la posible solución a la diferencia.

El truco es que debemos pensar en la negociación como una empresa cooperativa y no como un juego de competencia. Recuerde, debemos ser lo suficientemente sabios como saber mantener el objetivo de nuestra agenda de negociación y no permitir que se interponga nuestra agenda personal de resarcir el ego.

Si ambas partes entran a negociar en términos cooperativos, hay una gran probabilidad de que serán persuadidos a obtener metas que puedan ser compartidas equivalentemente. Esto de ningún modo significa que cada meta será valorada igualmente por cada participante, sino que hay una mayor posibilidad de ambas partes alcancen una meta cooperativa exitosa.

Las tres ventajas más importantes del enfoque cooperativo son:

1. Nos permite alcanzar resultados mayores y mejores.

2. Genera soluciones que tienen mayor probabilidad de ser duraderas

3. Los esfuerzos de ambas partes son acumulativos

A pesar de lo antes expuesto, el negociador no debe abandonar completamente la actitud competitiva ya que ello nos permite mantenernos alertas. Como ya hemos mencionado, muchos ven el proceso de negociación como un proceso competitivo para sacar ventaja del otro, por lo que, aun cuando queramos dirigir el proceso hacia una arena cooperativa, sería ingenuo de nuestra parte pensar que todo negociador piensa de la misma manera.

NEGOCIACIÓN

En mantenernos alertas y no bajar la guarda durante el proceso nos sirve como un proceso integrador que coordina las acciones de ambas partes. Debemos alcanzar ese delicado balance en el que permitimos que exista una sana rivalidad cooperativa que coordine las acciones personales y las del oponente.

¿Se ha preguntado por qué hay gente muy exitosa en los negocios mientras hay otras que por más que se afanen, parecieran no poder adelantar sus proyectos? Pues entonces, preste especial atención a toda la valiosa información contenida en este libro. Si decide aprender y aplicar los secretos aquí expuestos, empezará a tener éxito y avances en áreas de su vida donde antes no las había visto.

CONTENIDO

INTRODUCCIÓN	iii
DEFINICIÓN	1
PASOS PARA UNA NEGOCIACIÓN EFECTIVA	3
Paso 1: Preparación	3
Paso 2: Controlar las Reacciones	8
Paso 3: Desarme a la Contraparte Antes de Negociar	12
Paso 4: Demostración de Intereses y Necesidades	16
Paso 5: Construya el puente dorado	18
ESTRATEGIAS DE NEGOCIACIÓN EFECTIVA - TÁCTICAS Y DEFENSAS DE NEGOCIACIÓN	22
Estrategia 1: Estremecerse (El quejido)	22
Estrategia 2: El presupuesto (Budget):	23
Estrategia 3: La selección de cerezas	24
Estrategia 4: La presión de la fecha (La oferta caduca)	25
Estrategia 5: Ascenso y descenso	26
Estrategia 6: ¡Upss...! Ya lo hicimos o "Es mejor pedir perdón que pedir permiso"	27
Estrategia 7: Punto muerto (Deadlock)	28
Estrategia 8: Policía bueno - policía malo (Good Cop, Bad Cop)	29
Estrategia 9: La Presión de la expectativa ("You have to do better")	31
Estrategia 10: Esta es mi oferta final	32
Estrategia 11: Autoridad Superior	33
Estrategia 12: Bola baja	34
Estrategia 13: El Bocadillo o la Ñapa (El Salami).	35

Estrategia 14: La Subasta	36
Estrategia 15: Tómelo o déjelo	37
Estrategia 16: ¿Qué tal si...?	38
Estrategia 17: The phony problem solver	39
Estrategia 18: El señuelo	40
Estrategia 19: Relaciones de amistad o familia	41
Estrategia 20: Desgana e Indiferencia	42
Estrategia 21: El compromiso	43
Estrategia 22: Pared de Piedra o Cerrojo (Stonewall)	44
Estrategia 23: Ataques	45
Estrategia 24: Trucos	46
EL BUEN HUMOR COMO LA DEFENSA UNIVERSAL	**48**
B.A.T.N.A.: Cómo usar el poder como una parte integral de la negociación:	50
FACTORES PSICOLÓGICOS Y CÓMO ENCARARLOS	**54**
¿QUIÉN TIENE EL EGO MÁS GRANDE? THE POWER PARADOX	**57**
EPÍLOGO	**59**
BIBLIOFRAFÍA	**60**
OTROS LIBROS POR IVAN REMUS, PE, ESQ.	**61**
SOBRE EL AUTOR	**62**
¡GRACIAS!	**63**
RECURSOS	**64**

DEFINICIÓN

Al momento de definir lo que es Negociación, debemos mirar con detenimiento el uso de la palabra como sustantivo y como verbo.

La Real Academia Española (RAE) define a la palabra Negociación como un sustantivo femenino que proviene del latín (negotiatio, -ōnis) y significa:

1. f. Acción y efecto de negociar. (Énfasis suplido)

2. f. Der. Tratos dirigidos a la conclusión de un convenio o pacto.

Fuente:http://dle.rae.es/srv/search?m=30&w=negociaci%C3%B3n

La misma Real Academia sugiere que veamos también la palabra "Negociar". Eso ya lo sabíamos y lo habíamos anticipado. La RAE define a la palabra "Negociar" como un verbo que proviene del latín "negotiāri" y se conjuga de manera regular como todo verbo terminado en "ar" .Acepta las siguientes acepciones:

1. intr. Tratar y comerciar, comprando y vendiendo o cambiando géneros, mercancías o valores para aumentar el caudal. (Énfasis suplido)

2. intr. Tratar asuntos públicos o privados procurando su mejor logro. U. t. c. tr. (Énfasis suplido)

3. intr. Tratar por la vía diplomática, de potencia a potencia, un asunto, como un tratado de alianza, de comercio, etc. U. t. c. tr.

4. tr. Ajustar el traspaso, cesión o endoso de un vale, de un efecto o de una letra.

5. tr. Descontar valores.

Fuente: http://dle.rae.es/srv/fetch?id=QMTFYRQ

Basados en las definiciones que la Real Academia Española (RAE) nos brinda, pasemos a generar nuestra propia interpretación de dichas definiciones.

Negociación es el acto de comunicarse para tratar de llegar a algún acuerdo, donde se comparten algunos intereses y donde otros intereses son opuestos.

Negociar es buscar conseguir de la otra persona algo que necesitamos o deseamos conveniente. Es el más grande proceso para la toma de decisiones tanto personales como profesionales.

La satisfacción de las necesidades mutuas es el denominador común en toda negociación. El problema surge cuando la otra parte asume una posición rígida, donde sólo le interesa satisfacer sus necesidades.

Hemos resaltado algunas palabras claves en estas definiciones. Las dos palabras claves son: actuar y proceso.

Nos debe quedar absolutamente claro que Negociar es un proceso que involucra la planificación y ejecución de una serie de pasos para lograr el éxito de dicho proceso. Veamos cuáles son esos pasos.

PASOS PARA UNA NEGOCIACIÓN EFECTIVA

Paso 1: Preparación

El secreto para una negociación efectiva es la preparación. Mientras más difícil sea la negociación, más preparación se necesita. No exageramos cuando afirmamos que hay que prepararse por lo menos uno o dos minutos por cada minuto en que se interactuará con la otra parte.

El Dr. Stephen R. Covey en su libro *"Los Siete Hábitos de las Personas Altamente Efectivas"* aclara en su segundo hábito (Comenzar con el Fin en la Mente), que ello significa comenzar cada día, tarea o proyecto con una visión clara de la dirección y el destino deseados. No podríamos estar más de acuerdo con el Dr. Covey. Debemos tener una visión bien clara de los logros deseados.

Resulta muy efectivo poner en agenda una sesión de preparación con un amigo o colega. Es mejor cuando se dialoga la estrategia con otra persona de confianza.

Ante la falta de esa tercera persona que nos ayude, podemos aplicar de manera muy efectiva la llamada "Técnica de Disney", la cual explicamos con detalle en nuestro taller de negociación, así como en nuestro grupo VIP de consultoría privada, donde le enseñamos a sacar el mayor provecho posible a esta poderosa y secreta herramienta para el éxito.

A la hora de prepararnos para entrar en un proceso de negociación, debemos tomar en cuenta los aspectos que nos sirvan de **guía para la preparación:**

1. Determinar cuáles son nuestros intereses, a dónde queremos llegar con la situación – Debemos establecer una posición clara de los objetivos que queremos alcanzar. Establecer una posición significa el organizar y definir claramente las cosas concretas que decimos querer. Los intereses son las motivaciones que nos llevan a tomar posiciones. Se llega al interés cuando nos preguntamos, ¿por qué? La mejor forma es establecer prioridades de los intereses.

Para ello debemos tener claro cuál es el orden de prioridades de las coas que valoramos. Nuestra escala de valores nos define de manera clara nuestro criterio a la hora de la toma de decisiones. El tener claro los objetivos a alcanzar nos ayuda a definir el camino a seguir en el proceso de negociación.

2. Determinar cuáles son los intereses de la otra parte – Debemos "ponernos en los zapatos de la otra parte", debemos entender sus percepciones. De ser posible, hablar con gente que los conoce; por ejemplo, sus suplidores, clientes, ex socios, etc. Así como el primer criterio es definir cuál es nuestra escala de valores y de criterios a la hora de tomar decisiones, es impresionantemente poderoso determinar cuál es la escala de valores y criterios a la hora de tomar decisiones de la contra parte en un proceso de negociación.

En nuestro grupo de consultoría privada VIP, le proveemos de los pasos específicos a seguir para poder determinar cuáles son los intereses de la otra parte.

3. Buscar ideas creativas para satisfacer los intereses de ambas partes – inventar opciones para el juego. Se puede hacer mediante sesiones de tormenta de ideas *(brainstorming)*. Es importante señalar que por definición, el proceso de tormenta de ideas es un proceso creativo que deber realizarse sin críticas. Debemos identificar primero y evaluar después.

4. Buscar estándares justos e independientes para resolver diferencias – estándares pueden ser el valor en el mercado del bien o bienes a negociar, costos versus beneficios, trato igual, la ley, precedentes legales, entre otros.

5. Identificar el mejor grupo de alternativas o posibles soluciones en el caso supuesto en que la negociación falle (BATNA) e identificar las de la otra parte así como decidir si se debe negociar. El propósito real de una negociación es explorar si se pueden satisfacer mejor tus intereses con un acuerdo en lugar de hacer un BATNA (Best Alternative To a Negotiated Agreement), buscar un walkaway alternative.

El término BATNA fue acuñado por Roger Fisher y William Ury en su libro, *"Getting to Yes: Negotiating Without Giving In."*

Por su parte, Robert Dilts nos dice en su libro *"The Fourth Position"* que hay que considerar varias alternativas:

    a. Qué podemos hacer por nuestra cuenta para conseguir nuestros intereses.

b. Qué podemos hacer directamente con la otra persona para que respete nuestros intereses. (Ej.: irnos de huelga).

c. Cómo podemos introducir a una tercera parte en la situación (Ej.: ir a corte o arbitraje)

6. Formular una propuesta – Dicha propuesta no debe ser una posición rígida sino una ilustración concreta del tipo de resultado que mejor llenará nuestros intereses y los de la otra parte. Por supuesto que no debemos cometer el error de decirle de entrada a la otra parte que nuestra posición no es una rígida porque estaríamos abriendo automáticamente la puerta a que le otra persona rechace nuestra propuesta porque le creamos en su subconsciente la impresión de que puede lograr algo más o mejor de nosotros.

A la hora de formular nuestra propuesta, debemos definir claramente:

d. A qué acuerdo aspiramos (aspiro), qué nos (me) hará feliz;

e. Qué nos (me) dará satisfacción;

f. Con qué tipo de acuerdo podemos (puedo) vivir, aun cuando no nos (me) guste (Y sobre todos, qué es lo peor que pudiera pasar).

7. Practicar la estrategia con un colega o amigo – La práctica es una de las siete leyes de la mente humana. Solemos decir que "La práctica perfecta logra la perfección", sin embargo prefiero decir que "la practica perfecta mejora significativamente el desempeño". En nuestro taller de negociación y en nuestro grupo exclusivo de consultoría privada VIP tenemos ejercicios especialmente diseñados para poder practicar y desarrollar esta tan importante destreza.

8. Mientras se negocia, también hay que prepararse. La preparación no termina al comenzar a negociar. En resumen, en este paso, debemos aplicar lo que se conoce en Programación Neurolingüística (PNL) como: "La buena formación de los logros deseados".

Una vez estemos frente a la persona, se debe establecer *rapport,* que significa compenetración o buena relación. Y les tengo una noticia, solo tienes menos de siete segundos para establecer rapport con la persona.

El rapport se logra mediante las técnicas que enseñamos en nuestro grupo VIP de negociación de "espejear, y guiar".

Paso 2: Controlar las Reacciones

El antiguo filosofo chino Lao Tzu solía decir: "Responda inteligentemente incluso a un tratamiento poco inteligente."

Isaac Newton se sentiría orgulloso de mi frase: "Las acciones provocan reacciones. Las reacciones provocan, contra-reacciones." Y es que efectivamente debemos concentrarnos en responder y no en reaccionar ciegamente.

Al tratar con alguien difícil:

1. **No trate de controlar el comportamiento de la otra parte, controle su propio comportamiento** *respondiendo* asertivamente a la situación en vez de *reaccionando*.

2. **De ser necesario, vaya al balcón** En ocasiones, ese respiro puede hacer la gran diferencia. Recuerde que la puerta siempre está abierta para un respiro. Pida ir al baño, tomar agua o fumar un cigarrillo, ¡incluso si como yo, usted no fuma!–En ese momento a solas, relájese, respire. Asuma una actitud mental de desinterés como si fuera una tercera parte (meta), piense constructivamente por ambas partes.

Cómo controlar las reacciones:

1. Reconozca la táctica: Al poder identificar la estrategia que se está tratando de usar en nuestra contra, podemos neutralizar el efecto de las mismas. Lo peor que nos puede pasar durante el proceso de negociación es el no saber qué nos están haciendo a la vez que lo usan en nuestra contra.

Las tácticas más difíciles de detectar son las mentiras. El secreto para detectarlas es buscar incongruencias entre las palabras que estamos escuchando, por un lado, y las palabras previamente dichas. También debemos buscar incongruencias entre las palabras y las expresiones faciales, el tono de su voz y el lenguaje corporal. Usualmente, el mentiroso no puede controlar sus expresiones faciales, ni el tono de su voz.

Una característica sutil que ocurre con frecuencia es la "carraspera" o aspereza de la garganta, que obliga a desembarazarla tosiendo, ello debido a las tensiones que se generan en las cuerdas vocales de la persona que está por decir una falsedad. Estas y otras importantes señales del lenguaje corporal se detallan en el grupo de discusión VIP.

2. Hacer notas mentales al detectar un posible ataque. No es ponerse la armadura, es ponerse un radar. Manténgalo en mente como una posibilidad y no como algo seguro. Busque evidencia adicional basada en la creencia de que la gente difícil no se limita a una sola táctica. Para neutralizar el efecto de las tácticas de la otra parte hay que reconocer qué estamos sintiendo. Debemos estar particularmente pendientes a pequeñas señales como:

- a. Cambios en la respiración,
- b. Molestia en el estómago,
- c. ¿Se agita el corazón?,
- d. El rostro se sonroja como signo de que algo está mal y
- e. Se pierde la compostura en la negociación. Nuestro cuerpo nos habla continuamente. Hágale caso, escúchelo. No espero a que le grite.

3. Identifique y reconozca los llamados *"Hot Buttons"* o posibles teclas detonantes: Si entendemos y aceptamos que existen, podemos reconocer cuándo la otra parte los está utilizando. Al reconocerlos, controlamos las reacciones naturales. Debemos estar preparados a recibir ataques verbales y no tomarlos como personales. Recuerde que la idea de la otra persona es hacernos perder el control. En ocasiones, ayuda la idea de ver al oponente como alguien que no sabe cómo debatir ideas, por lo que recurre a su única herramienta disponible ante su ineptitud, recurrir a los ataques personales.

4. Gane tiempo para pensar - Necesitamos tiempo para pensar cómo responder y llevar a cabo nuestras estrategias. Se debe pausar en medio del ataque y evitar responder. De esta manera se ven las cosas objetivamente. Si no contestamos, no tienen nada que usar en nuestra contra. Recuerde que nuestra agenda principal es lograr nuestros objetivos trazados al inicio de la negociación, y ello no tiene nada que ver con nuestro orgullo. Mantenga claro los objetivos de su agenda principal.

Para evitar reaccionar de manera incontrolada ante posibles ataques, se recomienda que:

- f. No elimine sentimientos, sino <u>desconecte el link automático entre las emociones y la acción</u>. No canalice los impulsos en reacción.

- g. <u>Desacelere la negociación</u> – dé retroceso al proceso de negociación al revisar las discusiones, repasar argumentos… Dése tiempo, retroceda la videocinta mental para reconocer los trucos y poder neutralizar su impacto. Una forma de desacelerar, es tomar notas de lo que la otra parte habla, de esta forma le demuestras que lo estas tomando en serio a la vez que ganas tiempo.

A Veces lucir un poco lento es preferible. El pedir una pausa o *Time Out* para ambas partes ayuda a una negociación más productiva.

El *Time Out* se puede obtener buscando una excusa, como *"Vámonos de coffee break"* Una buena excusa, es convocar a un caucus entre tu grupo, con excusa de que obtuvieron nueva información. No tienen ni idea de cuantas veces he solicitado tiempo al juez para consultar con mi cliente o para ir al baño mientras estoy en medio de un proceso de negociación.

Otra forma de ganar tiempo es integrar a otro negociador, mientras uno habla el otro tiene tiempo de pensar. Te da el doble beneficio de añadir una perspectiva diferente a nuestro mismo planteamiento, a la vez que nos proporciona un descanso en cada relevo de quien lleva el rol principal de la negociación.

NUNCA tome una decisión importante en el momento. Si hay que hacerla en el momento, tómese el tiempo con la excusa de hacer una llamada telefónica, o ir al baño, por ejemplo. No se puede caer en la prisa. Su peor enemigo es la prisa. Y recuerde:

Don't get mad,

Don't get even,

Get what you want....

Paso 3: Desarme a la Contraparte Antes de Negociar

Resulta un grave error el tratar de razonar con una persona que no es receptiva. Antes de discutir el problema, hay que desarmar a la persona. Desarmarlos significa desviar sus emociones hostiles, hacerlos que vean nuestro punto de vista y ganar el respeto de la otra parte.

El secreto para desarmar es la sorpresa. Hacer lo opuesto a lo que otra persona espera de usted. Lo opuesto de presionar a la otra parte es llevarlo hacia una interacción constructiva, escucharlo, estar de acuerdo tantas veces se pueda, ver la situación a través de sus ojos.

Para romper la resistencia, hay que reversar la dinámica. Si queremos que nos escuchen, hay que comenzar por escucharles, reconocerles y estar de acuerdo con ellos.

Estrategias para desarmar:

1. Escuchar – quizás lo menos que esperan es ser escuchados. Les satisfacemos la necesidad de ser entendidos al no interrumpirlos, manteniendo contacto visual, y creando empatía... No es solo escucharles, sino dejarles saber que entendimos el mensaje, al repetir las palabras, resumidas, pero manteniendo el punto de vista de la persona (parafraseando). Esto nos da la oportunidad de saber que entendimos correctamente. Y logramos que la persona diga la palabra mágica. (Más adelante sabrá a qué nos referimos).

2. Reconocerlos – no significa que estamos de acuerdo con la otra parte, sino dejarle saber que aceptamos su punto de vista. Ésto se puede hacer, al decirle por ejemplo: *"ésta es la forma en que yo lo veo, de estar en tus zapatos"*. También, hay que reconocer sus sentimientos, por ejemplo: *"siento que te sientes molesto pues piensas que te estamos sacando ventaja, lo entiendo"*... La forma más poderosa de reconocer es ofrecer una disculpa ya que crea las condiciones para una resolución constructiva de una disputa, se puede decir: qué podemos hacer para subsanar…

3. Estar genuinamente de acuerdo - Proyectar confianza, aún de forma no verbal. No contra-atacar… Al escuchar, por ejemplo: tienes un punto… Cambiar el modo de la conversación.

El último lugar en que nos esperarían ver, es estar de su lado… **Es muy difícil atacar a alguien que está de acuerdo con nosotros**. Debemos enfocarnos en los puntos en común.

Debemos utilizar con sabiduría el buen sentido del humor.

4. La Palabra clave es "Sí". Buscar ocasiones en las cuales la otra parte te puedan decir que "sí"> ello lo logras con preguntas sugestivas, que acepten solo respuestas de SI o NO, y que la otra parte sólo pueda responder con un "SÍ".

5. Calibre, paree y establezca *Rapport* continuamente: Vea la forma de comunicarse de la otra parte y busque sintonizarse en la misma línea, pareando su intensidad y modo. Por ejemplo: si habla en un tono bajo, baje usted también su voz. La meta es sintonizarse con la otra persona.

Se debe ser sensible a su forma de expresarse. Particular importancia cobra ello cuando lidiamos con una persona de otra cultura o país, pues las palabras podrían tener significados y cognotaciones muy distintas. Lo que para alguien pudiera ser completamente inocente, podría resultar ser muy ofensivo e insultante para la otra persona.

Si la persona usa frases principalmente **visuales**, trate de parear las frases: *"Sí, VEO tu punto de vista"*. *"Puedo VER lo que dices"*. Si es **auditivo**, igual decir, sí te escucho… El propósito es conectarse al usar el lenguaje que mejor entienda la contraparte.

NEGOCIACIÓN

6. La validación personal desarma: Satisfaga el ego del que necesita reconocimiento. Se puede construir una relación personal que funcione – invitarlo a un café y hablando de los hobbies para demostrar el respeto personal y la buena voluntad (goodwill). La mejor forma de establecer una buena relación es antes de que surja un problema.

7. Use la estructura "Sí, y" versus la estructura común de "Sí, pero": Muy común es expresar la diferencia con un PERO. El problema con la palabra "PERO" es que anticipa una contradicción. Podemos reconocer el punto de vista de la otra parte y sin retarle, expresar un punto de vista diferente. Por ejemplo: *"Si, estás correcto y te añade mejor servicio..."* No hay que hacerlos lucir mal, para nosotros lucir bien.

Preste atención al siguiente ejemplo y contraste cómo se siente ante las siguientes dos oraciones:

    a. Te queda muy bonita esa camisa amarilla **y** la de color azul te queda aún mejor.

    b. Te queda muy bonita esa camisa amarilla **pero** la de color azul te queda aún mejor.

En la primera oración, le estamos diciendo que ambas camisas le quedan bonitas. En la segunda oración, le estamos diciendo que en realidad sólo la camisa azul le queda bien. Es allí donde radica la importancia de usar una estructura de oración donde usemos el "Y" en vez del "PERO".

8. En lugar de atacar, exprese los sentimientos y experiencias. Esto es lo que se conoce en inglés como el "I statement" el cual envía el mismo mensaje pero expresando de esta forma los sentimientos, tienden a ser más escuchados. Se trata de describir el impacto del problema en usted, dándole a la otra persona información sobre las consecuencias de sus actos de forma que le sea difícil rechazar. Esta posición no reta, sólo ofrece una perspectiva diferente.

Se puede apoyar al otro y mantener nuestro punto de vista. Es importante caer en cuenta que el demostrar apoyo al otro no significa perder nuestra posición. Es el asumir posiciones positivas a la vez que creemos que una solución positiva ES POSIBLE.

9. NO rechace, Replantee: En lugar de rechazar lo que la otra parte establece, hay que aceptarlo y transformarlo en la negociación que queremos tener. Re-enmarcar (Reframe) es dirigir lo que dice la otra parte de forma que dirija la atención de vuelta a la búsqueda de satisfacer los intereses de ambas partes, se trata de redirigir la atención de la conversación hacia el objetivo final. Recuerde, su agenda principal es lograr los objetivos trazados de la negociación y no es resarcir su ego.

10. CAMBIE EL MARCO ALREDEDOR DE LA IMAGEN: En otras palabras, pónga un marco de resolver problemas alrededor de las posiciones de la otra parte. Para cambiar el foco de atención, de estar enfocado en las cosas que discrepamos, a un enfoque en las posiciones de que benefician a ambas partes. Recuerde, es muy difícil discutir con alguien que comparte nuestra posición.

Nuestro trabajo, es cambiar el foco de posiciones a intereses, abiertas que busquen solucionar problemas (preguntarle qué piensa). Trate la posición de la otra parte como una oportunidad, en lugar de un obstáculo y enfóquela a través de preguntas. Estas preguntas revelan intereses.

Paso 4: Demostración de Intereses y Necesidades

Una demostración insistente de los intereses y necesidades, ayuda a producir un acuerdo que satisfaga a ambas partes.

Cómo formulamos nuestras preguntas es tan importante, como **qué** es lo que se está preguntando. Mi abuela siempre decía: *"No es lo que pidas, sino cómo lo pidas y a quién se lo pidas"*. Y cada día estoy más convencido de que mi sabia abuela tenía mucha razón. Las preguntas deben demostrar interés y respeto hacia la otra parte. Para ello debemos:

1. **Identificar los intereses de la otra parte** - Si la otra parte no desea revelar sus intereses, se debe cambiar el enfoque. Usualmente, la gente de este tipo tiende a criticar en exceso. Se puede pedirles que te corrijan. *"Si mal no entiendo, tus intereses son..."* Pocas personas toleran no corregir a los demás.

2. **Envolverlos a discutir posibles opciones** – Usar el *what if?* ¿Qué tal si....? Se puede llevar como una sesión de tormenta de ideas... En un matrimonio que no se pone de acuerdo donde pasar las fiestas Navideñas: *"¿Qué tal si pasamos Navidad en casa de mis padres y Año Nuevo con los tuyos...?"* Inventar primero y evaluar después...

3. **Pedir el consejo de la otra parte** – pregunte: *"¿Qué me sugieres?"*. Nunca esperarán este tipo de preguntas. Los desarma y a la vez nos da la oportunidad de educarlos sobre el problema.

4. Si la posición de la otra parte, no cambia, en lugar de rechazarlos, **pregunte, ¿qué la hace justa?** Dígale algo

como: "debes tener tus razones para pensar que tu solución es justa, me encantaría escucharlas." De esa manera vamos más allá de las preguntas y también establecemos estándares justos... Una pregunta para solucionar un problema, debe ser una pregunta abierta (que no se pueda contestar meramente con un "sí" o con un "no". La respuesta que recibiremos va a depender de cómo se formule la pregunta. Para hacer una pregunta que no pueda ser respondida con un sí o un no, debemos comenzar nuestra pregunta con:

a. ¿Cómo?,

b. ¿Por qué?

c. ¿Quién?

Hacer preguntas para las cuales la otra parte, puede que no tenga respuesta. En esos casos, se le debe ayudar para romper el silencio, haciéndoles preguntas de seguimiento, de esa forma lograremos que eventualmente responda.

Paso 5: Construya el puente dorado

Muy comúnmente se presentan *"impasses"* en el proceso de negociación. La resistencia puede venir de varias formas:

   a. Falta de interés a tus propuestas.

   b. Posiciones vagas.

   c. Atrasos.

   d. Renegar acuerdos.

   e. ¡Un NO rotundo!

Entre las razones más comunes para un *"impasse"* tenemos:

   a. **No es su idea**.

   b. **La propuesta no cumple con los intereses** básicos de la contraparte

   c. **Miedo a perder o a lucir mal** – nadie quiere lucir mal frente al oponente. Posiblemente, la otra parte no quiere que los demás sepan que se rindió en algún ponto importante de sus peticiones. Como negociador hay que ayudarle a lucir bien para su gente. Recuerde, toda persona desea mantener su valor personal, su dignidad, su sentido del honor, su deseo de actuar consistentemente con sus principios y el deseo de lucir bien ante los demás.

   d. **El ritmo es muy rápido** – Si se pide mucho, muy rápido, es más fácil decir NO. Nuestro trabajo es hacer el proceso más fácil para la otra parte, para ello debemos:

   i. **Romper la decisión en pequeños pedazos o pasos** – Recuerde el dicho: "Mordisco a mordisco nos comemos a un elefante". Cada acuerdo parcial puede llevar a un acuerdo total, empiece por los puntos más fáciles y sobre los cuales estamos seguros que habrá acuerdos.

ii. Haga tu parte del trabajo.

iii. Busque generar *momentum* en lugar de presión para lograr el acuerdo.

iv. Deles el tiempo necesario para decidir – Recuerde darles tiempo para que entiendan que el acuerdo propuesto les es beneficioso.

Caminad lentamente si queréis llegar más pronto a un trabajo bien hecho"

Augusto, Emperador Romano

El reto es persuadirlos a cruzar los retos y resistencias, sin poner presión. Es crearles un puente dorado para avanzar. Para construir un puente dorado, idealmente se debe usar un mediador. En su ausencia, el reto es mediar tus propios acuerdos para lograr guiar al oponente hacia tus metas.

Para construir el puente dorado:

1. <u>**Involucre a la otra parte**</u> - El puente hace más fácil el SÍ de la otra parte, pues lo envuelve. La negociación no es sólo un ejercicio técnico para la solución de problemas, sino un proceso dinamico en el cual todos tienen que participar y formar los acuerdos de manera conjunta.

Para envolver a la otra parte, pregúntele sus ideas y puntos de vistas y trabaje en torno a ellas. Debe escoger los puntos que parecen más constructivos y por ahí dirigir la negociación. También se puede lanzar una idea y pedirle a la otra parte que la comente, por ejemplo: *"¿Cómo la mejorarías?" ¿Hay alguna manera de que te sea más beneficioso, sin dañarme?* Se les puede ofrecer una alternativa: *"¿A las 10:00 a.m. es una buena hora para vernos?"*

Dime y puede que escuche

Enséñame y puede ser que recuerde

¡Involúcrame en el proceso y definitivamente lo haré!

Frase atribuida a Benjamín Franklin

Algunas presunciones limitantes que nos dificultan el poder ver los intereses de la otra parte, y poder alcanzarlos:

<u>**a. Todo que la otra parte quiere es dinero o algo igualmente tangible**</u> – pasamos por alto las necesidades intangibles como pertenencia, autonomía, reconocimiento, etc.

<u>**b. Asumimos que sus necesidades son opuestas a las nuestras**</u>.

<u>**c. Creemos que no podemos satisfacer sus necesidades, sin frustrar las nuestras**</u> – se asume una mentalidad de escasez o "fixed pie" – Conceder algo a la otra parte, significa que me toca menos para mí. Se puede expandir el pastel por ejemplo: al hacer un acuerdo de bajo costo para nosotros y altos beneficios para ellos. También usar una fórmula de "si/entonces". Por ejemplo: *"¿qué dices si hacemos mi honorarios iniciales de $10,000 como base, pero si tus ventas aumentan 20% en los próximos seis meses, entonces, me añades un bono de $10,000 adicionales?"*.

<u>**d. Que la otra parte es irracional**</u> – *"mi jefe está loco, con él no se puede tratar..."* - póngase en los zapatos de la otra parte. Identifique

sus objeciones y satisfaga sus necesidades, mientras se satisfacen también las nuestras.

Como negociador, es tu trabajo hacer ayudar a la contraparte a conceder sin hacerlo sentirse debatido. *(Back away without backing down).*

Algunas técnicas para lograr esto último incluyen:

a. **"La otra persona originalmente estaba bien pero las circunstancias ahora han cambiado."**

b. **Llamar a un mediador, un experto independiente** – algo que nos resulte inicialmente inaceptable en un momento dado, puede resultar aceptable si viene de un mediador – Dicho mediador puede venir con una propuesta que sea difícil de rechazar por la otra parte.

c. **Usar estándares que sean justos en ausencia de un mediador.**

d. **Ayudar a escribir el discurso de victoria de la otra parte** – escriba en una página lo que usted crea que la otra parte puede decir al momento de describir y justificar el acuerdo propuesto. Pregúntese qué puede usted ofrecer, qué pueda sonar como "victoria" sin comprometer tus intereses, pregúntese cómo se puede llevar el acuerdo de forma positiva. Piense cuáles serán las críticas de la otra parte para armarlo de argumentos persuasivos. Se puede dirigir el problema como una oportunidad para la otra parte si recalcamos los beneficios potenciales para dicha parte. Es mejor cuando la otra parte, se identifica con una oportunidad, que con un problema. Aun cuando la solución sea nuestra idea, deje que la otra parte tome parte del crédito.

ESTRATEGIAS DE NEGOCIACIÓN EFECTIVA - TÁCTICAS Y DEFENSAS DE NEGOCIACIÓN

Estrategia 1: Estremecerse (El quejido)

La estrategia: consiste en estremecerse cuando alguien diga sus términos y condiciones, (por ejemplo el precio). El quejido inmediato tiene como meta el sacar de dirección al oponente y el bajar sus expectativas en cuanto a la posibilidad de que aceptemos sus términos.

La táctica: es precisamente esa: estremecernos y quejarnos a medida que nos indican los términos. A menudo va acompañada de expresiones como: "Debes estar bromeando"…

La mejor defensa es: razonar y justificar el porqué de los términos y las condiciones establecidas. Otra defensa es el silencio. Callar hasta que la otra persona desista en oponerse y acepte. Como aquel famoso juego infantil: El primero que hable, pierde.

Estrategia 2: El presupuesto (Budget)

La estrategia: consiste en dejarle saber al oponente que se desea comprar el producto o servicio que se ofrece, pero que el presupuesto no nos lo permite. Esta estrategia es ideal cuando estamos contratando los servicios de alguien. Permite además lograr la simpatía del contratista, la cual usaremos luego a nuestro favor.

La táctica: es decir algo amable o agradable sobre el producto o servicio primero, de esa manera la otra persona no tiene por qué ponerse a la defensiva. Luego se le deja saber que se desea comprar el bien o servicio, pero que el presupuesto sólo nos permite gastar hasta cierta cantidad nada más.

La mejor defensa es entender que la mayoría de los presupuestos NO están escritos en piedra. Como vendedor, usted puede establecer un plan de pago o alguna combinación de contraprestación que justifique la transacción.

Estrategia 3: La selección de cerezas

La estrategia es muy útil cuando se tienen que comprar una variedad de cosas a la vez. La meta es obtener un precio inicial de descuento por todo el paquete, para luego comprar sólo las cosas más baratas en el paquete de cada proveedor.

La táctica es comparar las ofertas de cada proveedor del conjunto de cosas que se desea comprar, pidiendo un descuento por el paquete completo. Luego de comparar, se escogen de cada proveedor aquellas cosas que estén más económicas.

La mejor defensa es: nunca dé el precio individual de cada cosa cuando esté dando un precio de descuento en el paquete completo. Manténgase firme en decir que la única manera de poder honrar esos precios es que se compre el conjuto completo.

Estrategia 4: La presión de la fecha (La oferta caduca)

La estrategia: Estamos acostumbrados a cumplir con fechas todos los días. La estrategia consiste en obligar a que el oponente tome una decisión dentro de un tiempo específico.

La táctica es decir algo como: "Estamos planificando tomar una decisión dentro de los próximos x días, si no tenemos una respuesta de usted para mañana (por ejemplo), tendremos que contactar a su competidor". EN el mundo de la Internet la vemos a diario: "Compre ahora a este precio de descuento porque mañana el descuento ya no estará disponible."

La mejor defensa es: entender algunas fechas límites son ciertas, otras son falsas. No se rinda rápidamente ante la imposición de fechas límites. Pida tanto tiempo como necesite para poder tomar la decisión. En el caso de un vendedor, si le está estableciendo una fecha límite para cumplir con una oferta, pregúntele por qué esa fecha y no otra. Si la respuesta no hace sentido, seguramente es falsa. Si su oponente demuestra que la fecha límite es cierta, usted se encuentra ante la disyuntiva de tomar una decisión del mejor negocio posible dentro de las circunstancias o salirse de la transacción.

Estrategia 5: Ascenso y descenso

La estrategia consiste en hacer negociar al oponente con personas de diferentes jerarquías, obligando al oponente a negociar una y otra vez, debilitando así su posición y fortaleciendo a quien usa la estrategia.

La táctica es usada frecuentemente por largas corporaciones, donde la misma asigna a varias personas a lidiar con el problema, donde la primera persona tiene autoridad limitada para negociar, el segundo tendrá un poco más de autoridad, y así sucesivamente. Cuando llega la hora de hablar de dólares, vuelven a enviar al de menor jerarquía para negociar. Usan frases como: "No estoy autorizado a ofrecer una cantidad mayor a la que ya le he ofrecido".

La mejor defensa es: preguntar de antemano si la persona tiene autoridad necesaria y suficiente para tomar decisiones. Déjeles saber a sus oponentes que no aceptará trucos de último minuto. Es decir, atacar el problema antes de que se presente. Si luego de comenzadas las negociaciones, la otra parte intenta implementar esta estrategia, declare que se trata de un truco por parte de su oponente y que no lo va a permitir.

Estrategia 6: ¡Upss...! Ya lo hicimos o "Es mejor pedir perdón que pedir permiso"

La estrategia es utilizada por muchos abogados al demandar primero para luego negociar. Los coloca en una posición favorable, donde la otra persona tiene poco que hacer al respecto.

La táctica es realizar el trabajo antes de definir las condiciones finales de la negociación. Por ejemplo: un mecánico que repara un carro antes de decirle al dueño cuánto le costaría la reparación.

La mejor defensa es: establecer control desde el principio. Preguntar por estimados detallados desde el principio, antes de que se realice ningún trabajo. Déjele saber que no debe tomar ningún tipo de acción antes de llegar a un acuerdo mutuo (preferiblemente por escrito).

Estrategia 7: Punto muerto (Deadlock)

La estrategia consiste en aprovechar el hecho de que muchas personas consideran como un fallo el encontrar un punto muerto en el proceso de negociación. Consideran que es una falta de habilidades para negociar de manera efectiva. Pero realmente no hay nada malo en llegar en algún momento a un punto muerto dentro del proceso de negociación. Debemos mantener eso en mente. Por lo general, quien usa esta estrategia desea que la otra parte crea tal cosa, de tal manera que admita "su falla" y esté dispuesto a hacer concesiones.

La táctica es decir algo como: Parece que estamos llegando a un punto muerto. Los más habilidosos no lo acusarán de ser el responsable de tal situación. Tan sólo esperarán que usted diga qué planes tiene para salir de esa situación.

La mejor defensa es decir algo así: "Como ambos hemos trabajado tan duro en hallar soluciones, odiaría ver que nos retiremos de esta negociación con las manos vacías. ¿Por qué no acordamos en dejar establecidos aquellos puntos en los que ya hemos logrado un acuerdo inicial y nos volvemos a reunir la semana que viene para discutir los puntos que faltan?

Utilizando esta defensa, he visto reducir controversias de cientos de miles de dólares a solo un par de cientos de dólares, para quedar finalmente resuelto en la siguiente ronda de conversaciones.

Estrategia 8: Policía bueno - policía malo (Good Cop, Bad Cop)

La estrategia consiste en debilitar la fortaleza del oponente mediante la exposición a dos tipos diferentes de oponentes: una persona agresiva y crítica y otra persona comprensiva. Esta técnica, junto con la técnica de la autoridad superior la usaban mis padres a diario conmigo cada vez que yo pedía permiso para salir a jugar a alguna parte.

La táctica es comúnmente vista en las películas, donde el policía malo interroga y amenaza al sospechoso, una vez que le ha dicho todo lo malo que le puede ocurrir, deja la sala de interrogatorio, quedándose el policía bueno con la persona. Este policía bueno se congracia con él y le explica que la única manera que tiene para ayudarlo es colaborando con lo que exige el policía malo.

Esto también es clásico en las ventas, donde el vendedor diría algo como: "Por mí, yo cerraría el negocio ahora mismo, pero mi jefe no me permite hacerlo por menos de x cifra".

Otro ejemplo clásico se presenta cuando es una pareja la que está comprando, donde una de las partes se muestra interesada en el producto, mientras la otra se muestra desinteresada y deseosa de irse. El vendedor, por no perder el negocio, termina aceptando unas concesiones especiales, con tal de congraciarse con la persona apática.

La mejor defensa en caso de estar negociando con una sola persona es exigir negociar directamente con la que tiene la máxima autoridad (con el policía malo). Otra manera extraordinariamente efectiva es asumir que ambas personas están bajo una misma posición: "Ya que usted habla en nombre de ambos, asumo que su compañero está de acuerdo con todo lo que usted dice". Otra defensa completamente diferente es reconocer las diferencias y alegar: "Como parece que ustedes dos no quieren la misma cosa, lo mejor es que nos reunamos en otro momento, una vez ustedes dos hayan logrado ponerse de acuerdo". ¡Créanme, esta última defensa es sumamente efectiva!

Estrategia 9: La Presión de la expectativa ("You have to do better")

La estrategia consiste en hacerle creer que la oferta que usted presentó no es lo suficientemente buena.

La táctica es precisamente decirle: "Vas a tener que hacerlo mejor que eso". De esa manera, no sólo le ha dejado saber que no está satisfecho con la oferta presentada, si no que a la misma vez ha protegido su estrategia de negociación al no revelar una cantidad en específico y obligar a la otra persona a hacer una contra oferta.

La mejor defensa es: razonar y justificar el negocio es más que solamente el precio. Otros factores como el servicio, la honestidad, la confiabilidad, la calidad justifican el precio y las otras condiciones. Si somos los compradores y nos aplican la estrategia, podemos simplemente responder con una pregunta ¿Por qué? De esa manera ponemos la pelota en la cancha del competidor.

Estrategia 10: Esta es mi oferta final

La estrategia consiste en dejar saber no sólo que es su oferta final, sino que está dispuesto a cerrar el negocio. La idea es que la otra persona acepte la oferta, por la esperanza del compromiso tácito de cerrar el negocio. La estrategia debe ser usada una vez que se lleva rato en el proceso de negociación y no al principio, porque de esa manera tendrá mayor impacto emocional.

La táctica consiste en dejar saber que esa sería si oferta final. Por lo general, cada vez que un negociador la utiliza, deja la puerta abierta para continuar la negociación.

La mejor defensa es: Como ya hemos dicho, por lo general, la persona deja una puerta abierta para poder seguir el proceso de negociación. Busque señales que le indiquen que esta puerta existe y que está abierta. Palabras como: "Probablemente, a menos que, si acaso", son señales de tal oportunidad. La mejor solución en estos casos es plantear nuevas opciones, tantas como sean posibles.

Estrategia 11: Autoridad Superior

La estrategia es comúnmente utilizada en ventas. Típicamente el vendedor le dejará saber que antes de aceptar la oferta planteada, necesitará de la aprobación del gerente. También es muy usada por nuestros padres: "Pregúntale a tu mamá (papá)". Esta estrategia puede a veces confundirse fácilmente con la estrategia del policía bueno, el policía malo y con la estrategia de ascenso y descenso.

La táctica es extremadamente efectiva al final del proceso de negociación, donde todos los términos ya han sido expuestos y han sido tentativamente aceptados. El vendedor podría decir algo así como: "Bueno, estos términos lucen bastante buenos para mí, pero ahora tengo que presentárselos a mi jefe y obtener su aprobación". Pueden usarse distintos tipos de Autoridad Superior, como son: el esposo o esposa, un amigo, los padres, el jefe, la junta de directores, entre otros. A veces sí intervienen realmente en la negociación, en otros casos es tan sólo una excusa para ganar tiempo y poder regresar con una contra oferta.

La mejor defensa es: pedir de antemano y desde el principio el negociar con la persona que toma la decisión final, aquella que tenga la máxima autoridad. Déjele saber que usted necesita una respuesta de la máxima autoridad para una fecha en específico.

Otra defensa es sugerir que usted tiene oportunidad de negociar un mejor trato con uno de sus competidores, podría decir algo como: "No deseo perder la oferta que su competidor me han hecho, así que necesito una respuesta de ustedes ahora mismo".

Estrategia 12: Bola baja

La estrategia consiste en presentar de entrada, la oferta más baja posible, para bajar las expectativas del oponente (en el caso de que sea el comprador quien la haga.) O por el contrario, presentar la oferta más baja y tentativa posible para que la persona caiga y quiera hacer negocio con nosotros, para luego descubra que esa oferta está sujeta a que se cumplan unos términos en ocasiones irrazonables. La banca hipotecaria lo hace muy a menudo en las ofertas de los periódicos.

La táctica consiste en ofrecer el menor precio posible, con la promesa de que se harán más negocios o que se podrá cerrar el mismo rápidamente.

La mejor defensa cuando usted es el vendedor, no se moleste ante una oferta tan baja. Déjele saber al comprador cuáles son los beneficios que tienen su producto o servicio, que justifica el precio pedido.

Cuando usted es el comprador y el vendedor aparece con esta súper mega irresistible oferta baja, esté muy pendiente. Por lo general, si suena muy bueno para ser verdad, es porque en verdad es muy bueno para ser verdad. Pregunte sobre los detalles de la oferta. Encuentre cuáles son las condiciones que se tienen que dar para que se cumpla la misma dicha oferta.

En negociaciones personales, haga una comparación estricta entre la oferta de su oponente y lo que usted considera justo. Déjele saber que usted está buscando un acuerdo justo y razonable.

Estrategia 13: El Bocadillo o la Ñapa (El Salami).

La estrategia: Como las personas suelen ser negociadores impacientes, con frecuencia suelen dar concesiones en asuntos de menor importancia, sólo por lograr que el trato se cristalice lo antes posible. El oponente consciente de esto, tratará de ir logrando que usted haga concesiones desde el principio en esas pequeñas cosas. En otras palabras, irá comiéndose el salami entero, mordisco a mordisco, sin que usted se dé cuenta, una rodaja a la vez.

La táctica es más efectiva una vez que se ha logrado un acuerdo inicial. Una vez que se ha llegado a un acuerdo en el negocio primario, se solicita añadir al más al negocio original. Hay personas que son excelentes en esta estrategia. Por ejemplo, una vez que compran algo, por decir una computadora, solicitan que se le añada alguna cosa como algún software, o un monitor más grande o una impresora gratis, en fin, alguna cosa. En ocasiones el vendedor acepta, sin darse cuenta que esa concesión en ocasiones equivale tanto como el negocio primario.

La mejor defensa es: Negarse a dar la ñapa, tan fácilmente como el que se lo solicita. Si usted se mantiene lo suficientemente firme en su negativa, el que solicita la ñapa desistirá. Otra excelente alternativa es el tener una lista de precios (por escrito) disponible. Le da legitimidad y las personas son más renuentes a retar un precio si ven que el mismo está por escrito.

Estrategia 14: La Subasta

La estrategia consiste poner a los otros a competir entre ellos mismos, de tal suerte que usted se asegure que logrará la mejor oferta.

La táctica suele ser el citar a los competidores a la misma vez. Dejarles saber que se está solicitando cotización de los otros y que no se trata de una ilusión engañosa o bluff. Se verán obligados a presentar su mejor oferta, si desean llevarse el negocio.

La mejor defensa es: señalar el porqué de los términos y las condiciones de su producto son superiores a la de su competencia. Sepárese de su competencia señalando qué hace que su servicio o producto sea superior. Dé valor añadido en vez de hacer concesiones en el precio.

Estrategia 15: Tómelo o déjelo

La estrategia funciona cuando uno no tiene ningún incentivo en continuar con la transacción si se otorga alguna otra concesión. También es útil cuando se quiere evitar crear precedente que perjudique relaciones futuras, por lo que es preferible que el negocio se caiga antes de aceptar más concesiones. Sirve también cuando se desea probar la fortaleza del oponente y ya hemos llegado a un punto que sentimos que hemos agotado las opciones. Por lo general, va acompañada de una fecha límite para hacer buena la oferta.

La táctica es: el negociador experimentado no usará las palabras "Tómelo o déjelo", por el contrario buscará la manera de hacerle llegar el mensaje sin que suene a amenaza. Por lo general, respaldarán su posición con razones legítimas. Usará frases como: "Desafortunadamente eso es lo máximo que puedo ofrecer", "Me temo que me veré obligado a reportarlo si se niega a cumplir con las políticas de la empresa". Esta estrategia es muy común en casos criminales y también en los casos que involucran transacciones de bienes raíces, incluyendo casos de divorcios.

La mejor defensa es: ignorar el hecho de que se nos está planteando un "Tómelo o déjelo". Seguir planteando alternativas (si las tenemos). Otra es decir algo como: "No puedo aceptar esta oferta en la manera en que está planteada en estos momentos" o Si no está dispuesto a buscar una mejor alternativa, me eré obligado a buscar yo a alguien más".

Estrategia 16: ¿Qué tal si...?

La estrategia detrás de esta pregunta es buscar la mayor cantidad de información posible de nuestro oponente. Las respuestas que demos a este tipo de preguntas revelan más de nosotros mismos de lo que nos gustaría revelar.

La táctica es preguntar: "¿Qué pasaría si cambiamos tal o cual condición, cómo afectaría el precio o resultado final?

La mejor defensa ante este tipo de pregunta es contéstela con otra pregunta. Un ejemplo de tales preguntas seria: ¿Por qué pregunta? ¿Consigue usted algún descuento especial comprando esa parte por usted mismo? Recuerde: Conteste con otra pregunta que le dé a usted más información.

Estrategia 17: The phony problem solver

La estrategia: la filosofía de "Ganar-ganado" deja la puerta abierta para los pseudo tratos de ganar-ganando. Muchas personas actúan como si quisiesen ayudarle pero en realidad lo que quieren es que usted ponga todas sus cartas sobre la mesa y se desarme.

La táctica utilizada por las personas expertas es usar expresiones como: "Permítame ver cómo la puedo ayudar", "Vamos a poner las cartas sobre la mesa a ver de qué manera podemos hacer que esto funcione para ambos."

La mejor defensa es: reconocer este tipo de personas porque aunque se expresan que quieren poner las cartas sobre las mesa, ellos no revelan nada o muy poco de ellos mismos. Limite la cantidad de información que usted dé. Haga preguntas para saber de la otra persona. Entienda que está ante un reto y no se descuide.

Estrategia 18: El señuelo

La estrategia consiste en buscar distraer su atención e impedirle darse cuenta de cuáles son los verdaderos retos de la negociación al hacerle creer que la persona está interesada en una cosa que en la realidad tiene poco interés para ella.

La táctica: La persona hace una oferta baja pero incluye una condición adicional (el señuelo). La otra persona pierde tanto tiempo en eliminar esa concesión adicional que distrae su atención al verdadero problema importante: la oferta baja. Por ejemplo: Hacer una oferta baja e incluir los enseres domésticos. La persona perderá tanta energía y tiempo en los enseres, que posiblemente se distraiga del verdadero punto importante: la oferta baja.

La mejor defensa es: saber exactamente qué desea usted del trato y no hacer ningún tipo de concesión en aquellos puntos que son los neurálgicos para usted en la negociación. Aquellos puntos que harían preferible retirarse de la negociación si los cede.

Estrategia 19: Relaciones de amistad o familia

La estrategia: Negociaciones con un amigo o un familiar suelen estar cargadas con un elemento emotivo porque la persona apelará a la relación para exigir que se hagan concesiones extraordinarias o especiales.

La táctica: El oponente usará esta estrategia diciendo simplemente algo como: "Mira, tú y yo hemos sido amigos desde hace mucho tiempo", o "Si tú realmente te preocupas por mí...". La persona usará esta estrategia cuando considera el punto más importante que la relación o cuando considera la relación lo suficientemente importante y fuerte como para aguantar el embate de la extorsión emocional.

La mejor defensa es: Evite a toda costa hacer negocios con familiares y amigos. De no ser posible, y verse forzado a llevar algún tipo de negociación con algún familiar o amigo, busque alternativas que permitan conservar la relación, mientras que a la vez satisfaga a ambas partes. No permita sentirse ofendido ni manipulado por esta estrategia. Pregúntese si la amistad está realmente en riesgo. Mantenga sus emociones bajo control en todo momento.

Estrategia 20: Desgana e Indiferencia

La estrategia: El ensayista Juan Montalvo dijo en una ocasión: "No hay nada más duro que la suavidad de la indiferencia" ¡Cuán ciertas sus palabras!

La táctica: Hay una historia de la familia Rockefeller que cuenta que cierto día llegó un inversionista a dialogar con John Rockefeller, Jr. El inversionista comenzó la conversación diciendo:

-"Bien, ¿cuánto desea por su propiedad?". Rockefeller contestó:

—"Mr. Morgan, creo que debe haber un error. Yo no estoy aquí para vender nada, creo que es usted el que quiere comprar algo"...

Al expresar su indiferencia, Rockefeller limitó el poder de negociación de su adversario.

La mejor defensa es: buscar qué motiva a su oponente, en vez de los puntos a negociar en sí. Diga algo como: "Lo veo renuente a querer hacer negocios, ¿podría preguntar por qué?" "Quizás no es momento oportuno para ninguno de los dos el querer llevar a cabo esta negociación." Debe entonces buscar nuevas alternativas que logren superar las barreras de negociación inicialmente impuestas por esta estrategia.

Estrategia 21: El compromiso

La estrategia: Cuando la persona no tiene mejores alternativas, recurre al compromiso. Es una manera fácil de evitar negociar. Implica que ambas partes tengan que aceptar sacrificios.

La táctica: Las personas frecuentemente dicen: "partamos la diferencia por la mitad". Cualquier alternativa que no permita lograr la mayor cantidad de lo que deseas es un compromiso.

La mejor defensa es: Introducir nuevas alternativas. Usted puede comentar: "Si partimos la diferencia ambos perdemos, qué te parece mejor esta otra alternativa...". Otra buena defensa es usar la estrategia de la "bola baja" para bajar sus expectativas de llegar a un compromiso de dividir las pérdidas a la mitad.

Estrategia 22: Pared de Piedra o Cerrojo (Stonewall)

La estrategia: Esta estrategia es muy similar a la estrategia de la indiferencia. Se distingue en que la persona adopta una actitud rígida e inflexible, a la vez que plantea un abierto rechazo a negociar, más allá de ese punto. Tampoco debe confundirse con la estrategia número siete (Deadlock), pues no se ha llegado a un punto muerto en la negociación, sino que la persona está planteando una aspiración, la cual aparentemente no está dispuesta a ceder.

La táctica: Las personas frecuentemente se plantan en una posición aparentemente firme e inflexible. Por ejemplo: Alguna exigencia, fecha límite, etc. La persona dirá algo como: "Ese es el precio final".

La mejor defensa es: Probar su seriedad al ignorar la táctica, cambiando el tema o seguir hablando sobre el problema como si no hubiera escuchado la táctica. En el proceso introducir nuevas alternativas.

Otra excelente defensa: es interpretar un stonewall, como si fuera una aspiración y dirigir la atención hacia la solución del problema diciendo: "todos tenemos aspiraciones, la gerencia está bajo grandes presiones por las altas y bajas de la economía y sé que le gustaría cortar los salarios pero si miramos los méritos, siendo realistas, ¿qué otra empresa está pagando a sus empleados por el mismo trabajo?"

También, si hay un Deadline, usarlo como un target, decir: "para cumplir con tu fecha límite, vamos a necesitar tu ayuda".

Hacer muchas preguntas... Si te dicen que el precio es final, preguntar: "¿puedo tener financiamiento?" Si responde que sí, está siendo flexible...

Estrategia 23: Ataques

La estrategia: Esta estrategia es muy peligrosa. Ante la falta de capacidad de negociar los aspectos sustantivos del problema, la persona cambiará el enfoque de atención, de la solución del problema a atacar a la persona con quien se está negociando.

La táctica: Las personas frecuentemente mostrarán una animosidad adversa hacia la otra parte, expresándose en términos personalistas. Dejarán de debatir ideas y comenzaran a utilizar epítetos, o por lo contrario, reclamarán de manera irracional que lo que se está proponiendo "es una falta de respeto."

La mejor defensa es: Ignorarlos, pretender que no se escuchó. Si la otra parte ve que no se le está haciendo caso al ataque, probablemente, se rendirá. Si no funciona el ignorarlo, se debe reinterpretar como un ataque amistoso.

Debemos revestirnos de paciencia, como una armadura de caballero revestida de Teflón®. Lo importante es redirigir el foco hacia la solución del problema. Dirigir el problema del pasado al futuro, de quién está mal a qué se puede hacer con el problema. Cambiar de "tú y yo" a un "nosotros". En lugar de sentarse frente a frente, sentarse a su lado. Como ya hemos dicho antes, es difícil discutir con alguien que está de tu lado.

Estrategia 24: Trucos

La estrategia: Esta estrategia es una de las más difíciles de contraatacar. La persona se presentará en la mesa de negociación con una agenda escondida y no mostrará sus verdaderas intenciones hasta tanto sea demasiado tarde para reaccionar.

La táctica: La persona, al final del proceso, "sacará del sombrero" aspectos que no estaban originalmente sobre la mesa de negociación.

La mejor defensa es: Tratar de revelar el truco, siguiendo la corriente. Debemos hacer preguntas para probar la sinceridad. Responder como si la otra parte estuviera negociando de buena fe. La clave es hacer preguntas aclaratorias. Si se detecta una contradicción, no anunciarla de inmediato, sólo actuar confundido, pedir más explicaciones. <u>Se pueden hacer preguntas para las cuales ya tenemos las respuestas</u>. Esta es la estrategia favorita de los abogados en durante deposiciones en procesos litigiosos.

Debemos ponerlos en el dilema de cooperar al diseñar y administrar una prueba que nos permita corroborar si la otra parte estaría de acuerdo en aceptar un requerimiento razonable de estar cooperando genuinamente. Si detectamos el truco, lo usamos a nuestro favor.

Recuerde el refrán: *Play dumb like a fox.*

De entrada, debemos investigar quién tiene la autoridad para tomar decisiones, para evitar escuchar: *"Eso no depende de mí...."*

Si todo lo anterior no funciona, hay que renegociar las reglas del juego, (las cuales se suponen hayan quedado claramente establecidas al principio del proceso de negociación).

Es importante señalar en este punto que en cualquier proceso de negociación se llevan a cabo realmente dos negociaciones:

a. **De sustancia** – términos y condiciones en dólares y centavos

b. **De las reglas del juego** – cómo se llevará a cabo – usualmente se quedan tácitas, pero deben estar explícitas.

   i. Para negociar sobre las reglas de negociación se debe identificar intereses, generar opciones sobre cómo negociar mejor, establecer estándares de negociación justa. *"Tenemos que reconocer que juntos podemos satisfacer las necesidades de ambos..."*

Finalmente recuerde lidiar con las tácticas sin que parezca, que se ataca personalmente a la otra parte.

El punto de inflexión: es cuando se cambia el juego de negociación por posición a una negociación de solución de problemas. La clave es tomar lo que dice la otra parte y dirigirlo contra el problema y no contra uno. Ver al oponente como un asociado sobre las posiciones, y que estas posiciones que adopta nos ofrecen una oportunidad para hablar del problema.

Cerciórese que la otra parte se retira de la mesa con un buen sabor. Y finalmente recuerde:

Don't get mad,

Don't get even,

Get what you want...

EL BUEN HUMOR COMO LA DEFENSA UNIVERSAL

La defensa universal contra todas y cada una de las estrategias aquí mencionadas es el buen sentido del humor. El humor hace fácil la negociación, sin llegar a ofender a nadie.

No tiene que ser un comediante, pero de manera graciosa le puede decir a su oponente que ha reconocido la táctica que está usando en contra suya: "Ok, yo también he usado algunas veces en mis negociaciones esa estrategia de...".

Debe tener el cuidado de hacer ese comentario sin sarcasmo y sin usar un tono acusatorio. Déjele saber al otro que usted se está disfrutando el proceso de la negociación.

Otra defensa poderosa es el silencio. Después de que alguien use una estrategia en contra de usted, simplemente manténgase callado. Cuando usted se mantiene callado, su oponente empezará a sentirse incómodo y comenzará a hablar nuevamente. Eso es precisamente lo que usted desea. Mientras más él hable, más sabrá usted sobre él. Además, silencio es sinónimo de indiferencia, lo que hará que sea él quien se convierta en "victima" de esa estrategia de negociación ya explicada.

Una modalidad alternativa al silencio es cambiar el tema de conversación: Manteniéndose callado sobre el punto en particular, pero hablando de otros temas que no tienen nada que ver... Una vez más, esa actitud reflejará que usted está indiferente a lo propuesto, lo que logrará que la persona haga nuevas concesiones.

La mejor de las defensas es conocer estas y otras estrategias de negociación, no sólo para usarlas como armas de negociación, si no para evitar que sean utilizadas en nuestra contra. Manteniéndose alerta y con la mente enfocada en los logros deseados, podrá obtener el resultado esperado.

En términos generales, para distraer las estrategias, no es necesario rechazarlas, sino transformarlas en intentos para solucionar el problema. Es un poco como usar las técnicas del judo en el proceso de negociación, donde "la no resistencia" constituye un principio técnico primordial.

En el caso del judoca, éste "fluir" en la fuerza de su atacante, ya sea que haya sido empujado o halado, ya que, de esa manera se anula el esfuerzo contrario y se optimiza el gasto de la propia energía, a la vez que se debilita el equilibrio del atacante.

Las formas más comunes de lograrlo son:

1) reinterpretarlo
2) ignorarlo
3) probarlo
4) exponerlo
5) negociarlo

En cada caso, el propósito es el mismo, persuadir para que no use las tácticas en nuestra contra y en su lugar se reenfoquen las energías en solucionar el problema.

B.A.T.N.A.: Cómo usar el poder como una parte integral de la negociación:

<u>BATNA</u> (Best Alternative To a Negotiated Agreement) – Significa en palabras sencillas, cuál será la mejor alternativa, ante la posibilidad de que no leguemos a un acuerdo en las negociaciones.

Para ello, resulta imperativo el conocer cuáles son el cúmulo de condiciones mínimas que estaríamos dispuestos aceptar, que de no darse alguna de ellas, sería preferible levantarnos de la mesa de negociaciones.

Ese cúmulo de condiciones mínimas, conocidas comúnmente por su término en inglés como "bottom line" es el barómetro que nos determina cuándo aplicaremos el BATNA.

Un ejemplo sería: "Si no logramos llegar a un acuerdo, no nos quedará otro remedio que acabar en los tribunales y que el Juez decida la cantidad a pagar." Es aquella opción que lleve a la persona a una negociación constructiva y proteja tus intereses en caso de que la negociación falle.

El BATNA puede darse en una de las siguientes modalidades:

1. **Unilateral** – Al retirarnos unilateralmente de la negociación.
2. **Bilateral** – Cuando decidimos de manera bilateral que es preferible poner un alto al proceso de negociación. La famosa frase en inglés: *"We agree to desagree"*. En cuyo caso, ambas partes deciden "vivir con las consecuencias de no haber logrado un acuerdo", que en la mayoría de las ocasiones significa mantener el estatus quo y

en otros casos, significa la intensificación de las tensiones.

3. **Trilateral** - Buscar ayuda (Mediación y/o Arbitraje). Es trilateral pues envuelve a una tercera persona en el panorama.

Todas estas opciones minimizan el impacto hacia las partes. Dejan abierta la posibilidad de negociaciones futuras.

El BATNA no se usa a menos que sea estrictamente necesario. Mejor es educar a la otra parte sobre las consecuencias de no lograr un acuerdo concertado, aunque el mismo implique ceder y comprometerse.

Aquí aplica nuevamente el refrán de mi padre: *"En ocasiones resulta mejor un mal acuerdo que un buen pleito."* No solo por el costo económico del litigio sino que les toca a las partes lidiar con las consecuencias de la sentencia emitida por el tribunal, que en ocasiones pudiera resultar ser mucho más desfavorables que el peor escenario que se hubiera podido alcanzar mediante un proceso de negociación.

Para determinar cuál es la mejor alternativa a un acuerdo negociado, debemos hacernos preguntas diseñadas a analizar el impacto tendría el no llegar a un acuerdo.

Recuerde, una advertencia puede ser más efectiva que usar el BATNA, pero sin que suene a amenaza Y usted se preguntará, ¿cuál es la diferencia ente una advertencia y una amenaza? Pues:

La advertencia es un anuncio objetivo y respetuoso de los peligros que se avecinan. En la advertencia, se presenta la información de forma neutral y objetiva.

La amenaza es un anuncio subjetivo de tus intenciones de ocasionar dolor o castigo al oponente y que busca confrontación.

Se sugiere que para forzar una decisión, se presente la advertencia acompañada de una fecha límite para la toma de decisiones. (Por ejemplo: la reunión de la Junta).

Si la otra parte ignora la advertencia, entonces hay que demostrar tu BATNA, de forma creíble. Por ejemplo, si nuestro BATNA es acudir al tribunal, lo podemos demostrar llevando un abogado a las negociaciones o cursando una carta redactada por tu representante legal.

Como ya hemos dicho, una forma de demostrar el BATNA es retirarse de la negociación. Decir: *"No estoy de acuerdo en la forma que estamos negociando, aquí está mi número de teléfono, avísenme cuando se dispuesto a negociar realmente."*

La idea es permitirle a la otra parte, una ruta de escape y que dicha ruta de escape es la negociación.

Si nada de lo anterior funciona, hay que usar el BATNA. Pero preferiblemente en la menor medida posible, para así evitar reacciones innecesarias de la otra parte.

La forma más efectiva de neutralizar es envolver a otras personas, identificando aliados potenciales. Un aliado potencial puede ser un allegado a la otra parte. Por el lazo que los une, el oponente, escucha más a los suyos.

Estas terceras personas ayudan a promover la negociación. A veces, sólo el saber que hay alguien más mirando, es suficiente para llevar a una persona a la mesa de negociación. Estos pueden ayudar a mediar, buscando ayudar a entender los intereses comunes.

A menos que, por supuesto, ya hayamos agotado todas las alternativas y no nos quede otro remedio que "quemar las barcas" y defendernos con todas las herramientas legales que tenemos a nuestra disposición.

Un resultado impuesto, será uno inestable. Los resultados más estables, usualmente se consiguen con negociación.

Una vez se tiene éxito en llevar a la otra parte a los términos deseados, hay que plasmar esas buenas intenciones un acuerdo firme y duradero. Diseñar un acuerdo que lleve a la otra parte a cumplir su palabra y que te proteja en caso de que no lo haga.

Si la otra parte se ofende, y te dice: "confía en mí, contestarle, confío en ti pero es un procedimiento normal". Si la otra parte rompe el acuerdo, hay que establecer de antemano, un procedimiento de resolución de disputa.

FACTORES PSICOLÓGICOS Y CÓMO ENCARARLOS

El factor psicológico es un aspecto importante y crítico en el proceso de negociación efectiva. Su importancia se hace patente al contestarnos la siguiente pregunta: **Si la negociación efectiva ofrece tantas ventajas, ¿Cómo es posible que esté tan subutilizada?** Quienes mejor negocian comprenden muy bien las actitudes mentales propias y las de su contra parte.

Las ideas que se exponen a continuación ayudarán a superar las posibles barreras psicológicas que se pudieran presentar en el proceso de negociación efectiva, a la vez que les ayudarán a obtener mejores resultados.

- **Esté atento a los factores psicológicos**. El campo de la mente es sutil y por tanto a veces se le subestima. La conciencia de las consideraciones psicológicas que comprenden la negociación efectiva puede resultar de gran ayuda para las posibles barreras que se pudieran presentar.

Para conseguir una cooperación activa entre las partes, hay que tomar pasos concretos. Uno de los pasos más importantes es el darnos cuenta de que hay una mejor forma de interactuar que el tradicional enfoque de negociar donde solo una parte gana y la otra parte necesariamente pierde. Si se puede remover la presión de ganar de manera ciegamente competitiva, se inspira a las partes a cooperar.

Para ello debemos tener en cuenta en todo momento ciertas reglas básicas que resultan muy útiles no sólo para una delegación efectiva, sino para todo tipo de relación interpersonal. Dichos principios traídos en este libro los hemos adoptado de la Programación Neurolingüística y de enumeran a continuación:

1. <u>Respetar el modelo del mundo de los demás.</u>
2. El significado de la comunicación es la respuesta obtenida.
3. La mente y el cuerpo se afectan el uno al otro.
4. Las palabras que utilizamos no representan el evento o el objeto. El mapa no es el territorio, ni el menú la cena.
5. La información más importante de una persona es su comportamiento.
6. El comportamiento presente es la mejor alternativa de una persona, si tuviese otras alternativas cuyos comportamientos fuesen más apropiados, éste (el comportamiento) cambiaría.
7. La persona NO es su comportamiento. <u>No etiquetar a las personas</u>.
8. No hay personas ineptas, solamente estados incapacitantes. Toda persona tiene los recursos para el éxito.
9. Yo estoy a cargo de mi mente, por lo tanto soy responsable de mis resultados (logros).

10. La persona con al mayor flexibilidad de comportamiento (variedad de requisitos) controla es sistema.

11. No hay tal cosa como el fracaso, solamente existen resultados.

12. No hay clientes resistentes, solamente comunicadores inflexibles.

13. Todo procedimiento debe aumentar los recursos (alternativas).

Como vemos, las presuposiciones en la Programación Neurolingüística (PNL) son extremadamente útiles a la hora de negociar, buscando resultados que resulten ecológicos, es decir: ganar-ganando.

¿QUIÉN TIENE EL EGO MÁS GRANDE?
THE POWER PARADOX

"Cuanto más difícil sea para sus oponentes decir que no,
Tanto más difícil les resultará a ellos decir que sí".

En la búsqueda de llevar al adversario a que acepte nuestros términos corremos el riesgo de caer en el delicado y muy peligroso juego de amenazar al oponente para que retrocedan. En estos casos, nuestras contrapartes suelen decidir resistirse y luchar.

¿El gran dilema es cómo usar el poder para llevar al adversario a aceptar nuestros términos sin terminar en una pelea? El error más común es abandonar el juego de buscar una solución en común al problema y entrar en el juego del poder en el cual el diálogo se torna en amenazas.

En esta etapa de lucha por el poder dejamos de ver la posición de la otra parte, al insistir en la propia y buscamos forzarlos a actuar. Ello es un grave error porque en el proceso de la pelea, se destruyen relaciones con la otra parte y toda posibilidad de un diálogo y proceso de negociación constructivo. Y como dice el viejo adagio: "Un ojo por ojo, y todos nos quedamos ciegos."

Entonces, ¿cómo podemos vencer el juego de quién tiene el ego más grande? ¡Sencillo! Debemos hacerles fácil el decir que sí, a la vez que le debemos hacer difícil el decir que no.

NEGOCIACIÓN

1. **Hacerle fácil decir que sí** – requiere usar negociación de solución de problemas.

2. **Hacerle difícil decir que no** - requiere usar de manera delicada e inteligente el poder. Incluyendo el poder de persuasión.

No hay que escoger entre las dos alternativas, se pueden y se deben usar ambas: Se puede usar el poder como una parte integral de la negociación de solución de problemas, para buscar la satisfacción mutua, para entrar en razón.

Debemos usar sabiamente el poder para educar al oponente, e invitarlo a actuar como si hubiera calculado mal cómo alcanzar sus objetivos, sin imponer nuestros términos y que de esa forma podamos llegar a un mutuo acuerdo.

EPÍLOGO

Prácticamente todos los aspectos de la vida están afectados por la necesidad de negociar. Los ejemplos diarios y sus consecuencias podrían pasar desapercibidos. La casa donde vives, el carro que manejas, el trabajo que tienes, lo que recibes de salario, lo que pagas de renta, lo que pagas de auto, la ropa que vistes, lo que pagaste por dicha ropa. Prácticamente todo en esta vida se ve afectado por nuestra habilidad de negociar de manera efectiva.

No importa la excusa que demos, la mayor barrera para una negociación altamente efectiva somos nosotros mismos. Está en nuestras manos el desarrollar las destrezas necesarias para lograr la excelencia a la hora de negociar de manera efectiva.

Es por ello que hemos querido brindarles en este libro un manual comprensivo que le ayude a desarrollar dichas destrezas. Esperamos haber alcanzado nuestro objetivo trazado.

Si desea más información, puede visitar nuestra página web donde encontrará como puede participar de nuestros seminarios, adiestramientos, grupo VIP y nuestro exclusivo servicio de consultoría personalizada.

Recuerde que existen sólo dos tipos de personas, aquellos que toman la delantera de buscar mejorar y aquellos que deciden quedarse inmóviles mientras el cambio los aleja cada vez más del triunfo. ¿En cuál grupo usted quiere estar?

BIBLIOFRAFÍA

- Alec Mackenzie. Gerencia en Acción
- Codado, Caracas, 1972.
- Francisco Diez. El Arte de Negociar
- Instituto Nacional Demócrata.
- Leon C. Megginson & others. Management, Concepts & Applications
- Harper & Row Publishers, New York, 1983.
- Michael E. Gerber. The E Myth Revisited
- Harper Business, New York, 1995.
- Bernardo Magnini. Using NLP Techniques for Meaning Negotiation
- Centro para la Riqueza Científica y Tecnológica, Italia, 2002.
- Gerard Nierenberg. The Art of Negotiating
- Negotiation Institute, New York, 2007.
- Robert Diltz. The Fourth Position
- Mare Koit. Dialogue Management in Agreement negotiation Process
- Tartu University, Estonia, 2001.
- Susan Wherspann. Negotiation- The Basics
- Francisco J. Sánchez y otros. Preparándose para Negociar
- CMI International Group, 1999
- William Ury. Sin Comunicación no hay Negociación
- Microsoft® Encarta® 2006. © 1993-2005 Microsoft Corporation.

OTROS LIBROS POR IVAN REMUS, PE, ESQ.

El licenciado Ivan Remus tiene varios libros a su habe dentro del tema de Gerencia y Liderazgo, entre los que se destacan:

Negociación. Técnicas de Negociación Efectiva.

Delegación. Técnicas de Delegación Efectiva.

Cartas de un Padre Divorciado – La Otra Cara de la Luna.

Así mismo, se encuentra actualmente desarrollado una serie de libros en el importante tema de Autoayuda y Motivación.

La lista completa la encuentran en: www.ivanremus.com

Es importante señalar también que todos sus libros están disponibles tanto en el idioma inglés como en el español.

SOBRE EL AUTOR

Ivan Remus es un reconocido abogado e ingeniero que ostenta la designación Master Practitioner en Programación Neurolingüística (PNL) y que ha admitido para practicar leyes en al menos diez tribunales federales, incluyendo a la Corte Suprema de los Estados Unidos (SCOTUS).

Su exitosa carrera en los campos legal, de ingeniería, inmobiliario y académico es extensa y se centra en la consultoría de negocios. El licenciado Remus, quien se ha comprometido personalmente a contribuir con la práctica del derecho a través de su práctica privada y su legado académico, ha disfrutado de una reputación como un apasionado y dedicado ejecutivo, con amplia experiencia y probado éxito en procesos de negociaciones complicados.

Es también autor de numerosos libros en los campos de administración de empresas y de liderazgo, así como en el campo de la auto-ayuda. Puedes seguirlo en su blog: www.IvanRemus.com

¡GRACIAS!

Ivan Gracias por comprar y leer este libro. Espero que le resulte una guía interesante y útil de cómo lograr el éxito a la hora de negociar cada aspecto de su vida profesional y personal.

Antes de irse, ¿estaría bien con usted si le pido un pequeño favor? ¿Podría tomarse un momento y dejar breve un comentario de una o dos líneas en el sitio de Internet donde compró este libro? Su reseña puede ayudar a otros a decidir qué es lo próximo que deben leer. Sería grandemente agradecido por muchos otros lectores.

RECURSOS

Si desea más información, puede visitar nuestra página web donde encontrará como puede participar de nuestros seminarios, adiestramientos, grupo VIP y nuestro exclusivo servicio de consultoría personalizada. Déjeme saber si le interesa que llegue hasta su ciudad a dar una charla o entrenamiento sobre este u otro tema.

www.ivanremus.com

www.ingramcontent.com/pod-product-compliance
Lightning Source LLC
Chambersburg PA
CBHW030455220526
45464CB00006B/2550